PLANETA ANIMAL
LA IGUANA

POR VALERIE BODDEN

CREATIVE EDUCATION • CREATIVE PAPERBACKS

Publicado por Creative Education
y Creative Paperbacks
P.O. Box 227, Mankato, Minnesota 56002
Creative Education y Creative Paperbacks son marcas
editoriales de The Creative Company
www.thecreativecompany.us

Diseño de The Design Lab
Producción de Rachel Klimpel
Dirección de arte de Rita Marshall
Traducción de TRAVOD, www.travod.com

Fotografías de Alamy (age fotostock, blickwinkel,
Volodymyr Burdiak), Corbis (Christian Ziegler/
Minden Pictures, ZSSD/Minden Pictures), Dreamstime
(Adogslifephoto, David Morton, Edgar Barany, Isselee),
iStock (alkir, Che_Tina_Plant), Minden Pictures (Tim
Fitzharris), Shutterstock (apiguide, Kjersti Joergensen,
Sergey Uryadnikov, Shackleford-Photography, Vikulin)

Library of Congress Cataloging-in-Publication Data
Names: Bodden, Valerie, author.
Title: La iguana / by Valerie Bodden.
Other titles: Iguana. Spanish
Description: Mankato, Minnesota: Creative Education/
Creative Paperbacks, [2023] | Series: Planeta animal
| Includes index. | Audience: Ages 6–9 | Audience:
Grades 2–3 | Summary: "Elementary-aged readers will
discover some iguanas can change colors. Full color
images and clear explanations highlight the habitat, diet,
and lifestyle of these fascinating creatures"—Provided by
publisher.
Identifiers: LCCN 2022007740 (print) | ISBN
9781640266926 (library binding) | ISBN
9781682772485 (paperback) | ISBN 9781640008335
(ebook)
Subjects: LCSH: Iguanas—Juvenile literature.
Classification: LCC QL666.L25 B63518 2023 (print) |
LCC QL666.L25 (ebook) | DDC 597.95/42—dc23/
eng/20220228
LC record available at https://lccn.loc.gov/2022007740
LC ebook record available at https://lccn.loc.
gov/2022007741

Tabla de contenidos

Algunas iguanas verdes son pardas (abajo), pero las iguanas crestadas de Fiyi (enfrente) son verdes.

Las iguanas son lagartos grandes. Como todos los lagartos, son reptiles. Los reptiles son animales **de sangre fría** con cuerpos escamosos. En el mundo, hay unos 40 tipos de iguanas.

de sangre fría animales cuyos cuerpos siempre están a la temperatura del aire que los rodea

La mayoría de las iguanas tiene un colgajo de piel bajo la barbilla llamado papada. Tienen colas largas y patas fuertes. Las iguanas tienen espinas en la espalda. La mayoría de las iguanas son verdes, grises, o del color café. Algunas pueden cambiar de color. Se oscurecen cuando están frías, y se aclaran cuando están calientes.

La papada de una iguana saludable es suave y puede moverse fácilmente.

La iguana más pequeña mide unas 10 pulgadas (25,4 cm) de largo. ¡Pero la iguana más larga mide siete pies (2,1 m), desde la nariz hasta la punta de la cola! Las iguanas más pesadas pueden pesar 30 libras (13,6 kg).

La iguana marina de las Galápagos puede llegar a pesar entre 20 y 30 libras (9,1–13,6 kg).

Las iguanas viven en América del Sur y del Norte. También viven en algunas islas. A las iguanas les gustan los lugares calurosos. La mayoría hace su casa en el bosque. Algunas viven en tierras calurosas y secas llamadas desiertos.

La iguana calienta su cuerpo bajo los rayos del sol, hasta que es demasiado.

*La iguana se traga
su alimento entero,
sin masticar.*

La mayoría de las iguanas comen frutas, flores y hojas. A veces, comen **insectos**. ¡Un tipo de iguana incluso se sumerge en el agua para comer algas marinas!

insectos animales pequeños con el cuerpo dividido en tres partes y que tienen seis patas

La hembra cava un nido donde pone todos sus huevos.

Algunas hembras pueden poner 70 huevos. Las iguanas bebés **eclosionan** todas al mismo tiempo. Viven en grupo durante un tiempo. Su madre no las cuida. A medida que crecen, las iguanas mudan de piel. La mayoría de las iguanas viven entre 15 y 20 años en la naturaleza.

eclosionar salir de un huevo

Sus patas con garras le ayudan a la iguana a trepar por ramas resbalosas.

Muchas iguanas pasan su tiempo en los árboles. ¡Pueden caer de una altura de 50 pies (15,2 m) sin lastimarse! A las iguanas les gustan los árboles con ramas que cuelgan sobre el agua. Pueden escapar de algún **depredador** dejándose caer en el agua. Usan sus colas fuertes para huir nadando.

depredador animal que mata y se come a otros animales

A veces, las iguanas se reúnen en grupos grandes. Se acuestan juntas a tomar sol. Pero los machos pueden pelearse entre sí por las hembras.

Comúnmente, las iguanas marinas forman los grupos más grandes.

Algunas personas tienen iguanas como mascotas. Pero puede ser difícil cuidarlas. Otras personas visitan a las iguanas en zoológicos o en la naturaleza. ¡Es divertido observar a estas lagartijas de cola larga que viven en los árboles!

Con una buena alimentación y cuidados, una iguana mascota puede vivir muchos años.

Un cuento de la iguana

En Norteamérica, se contaba una historia de por qué las iguanas viven en los árboles. Se decía que, un día, la iguana oyó un grito por ayuda. Pero lo ignoró y no ayudó a quien gritaba. Así que un **dios** la golpeó y la lanzó al río. La iguana salió del río y se escondió en un árbol. Allí ha vivido desde entonces.

dios un ser que se cree que tiene poderes especiales y control sobre el mundo

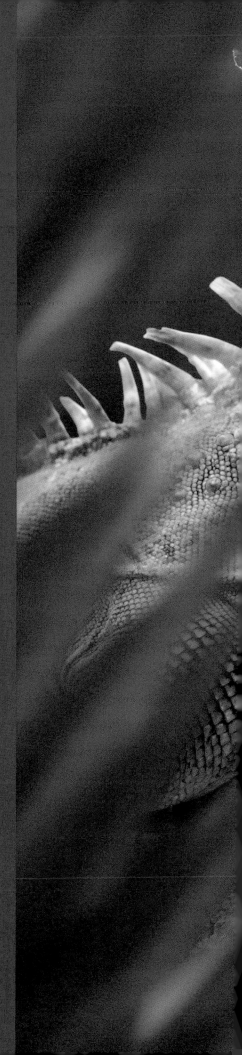

LA IGUANA

Índice